Fleurus

Direction : Guillaume Arnaud, Guillaume Pô
Direction éditoriale : Sarah Malherbe
Édition : Anna Guével, assistée de Sophie Virrion
Direction artistique : Élisabeth Hebert
Conception graphique : Séverine Roze
Direction de fabrication : Thierry Dubus
Fabrication : Audrey Bord

Site : www.fleuruseditions.com

ISBN : 9782215136453 • MDS : 592568

La belle histoire de mes 4 ans

Texte de Stéphanie Renaudot
Illustrations d'Hervé Le Goff

Fleurus

Le loup du Bois-Joli

Il était une fois un petit bois joli, tout propre, tout gai, tout fleuri.
Dans ce bois-ci, la pie ne volait pas, le renard ne mentait pas, le putois sentait bon, les moustiques ne piquaient pas, les corbeaux chantaient juste, les ronces n'avaient pas d'épines, mais surtout, surtout, le loup ne mangeait personne.

Eh oui ! Le loup du Bois-Joli était un loup gentil. Il aidait les petits cochons à construire leur maison.

Il gardait les chevreaux quand leur maman devait aller faire des courses.

Il accompagnait le Petit Chaperon rouge chez sa grand-mère, au cas où elle ferait de mauvaises rencontres dans le Bois-Joli, ce qui était peu probable car tout le monde y était gentil.

Il aidait aussi le petit agneau à s'endormir en comptant les moutons avec lui. Bref, c'était un loup parfaitement gentil.

D'ailleurs, dans le Bois-Joli, personne, au grand jamais, n'avait vu le loup hurler, ou même montrer ses crocs. Il s'était un tout petit peu énervé juste une fois, quand un des chevreaux lui avait tiré un poil du nez. Il avait froncé les sourcils, mis les pattes sur les hanches et déclaré, d'une voix pas très forte :
– Dis donc, petit, ce que tu as fait n'est vraiment pas très gentil.
Le chevreau avait immédiatement présenté ses excuses, et l'affaire s'était terminée ainsi, sans bruit. Le loup n'avait même pas voulu que le petit farceur soit puni.

Parfois les animaux lui disaient :
– Hé loup, fais-nous peur ! Fais-nous un vrai cri de vrai loup qui donne la chair de poule à des kilomètres à la ronde.

Alors le loup prenait une grande inspiration, faisait rouler ses yeux, hérissait ses poils et criait :
– Hi !
Un tout petit cri de rien du tout sortait de sa gueule, n'effrayait personne et faisait rire tout le monde, tant il était ridicule.
– Décidément, disait le loup, je ne suis vraiment pas un grand méchant loup !

Il faut dire que le loup du Bois-Joli était un loup particulier : c'était un loup crêpier. Il faisait les meilleures crêpes de toute la région. Il s'était construit une petite bicoque dans le Bois-Joli, avec l'aide de ses amis les trois petits cochons. C'était une maisonnette en bois, coquette, où tous les animaux de la région venaient chercher des crêpes à emporter. Au sucre, au chocolat, au miel d'acacia, il y en avait pour tous les goûts ! Mais la spécialité du loup, c'était la crêpe aux mûres sauvages fraîchement cueillies, qui faisait saliver grands et petits.

rêpes

Mais voici
qu'un jour une horrible
nouvelle parvint aux oreilles des
habitants du Bois-Joli. Une bête noire,
énorme, vorace et velue descendait de sa montagne.
Elle était haute comme trois chênes, large comme
dix vaches et terrible comme vingt loups.
– J'ai faim, criait-elle de sa voix terrible.
Et l'écho répétait son cri à l'infini, faisant trembler
bêtes et plantes à des kilomètres à la ronde.

Elle avait déjà englouti tous les fruits de deux vergers, mangé toutes les baies de trois forêts et vidé tous les garde-mangers de quatre villages entiers. Sans être rassasiée. Tous fuyaient, de peur d'être à leur tour mangés.

Les animaux coururent chez le loup :
– Il n'y a que toi qui puisses faire quelque chose. Sauve-nous, le loup !
– Mais enfin ! Vous savez bien que je n'effraie personne !
– Il va falloir que tu fasses semblant, que tu te rendes terrifiant !
– Mais chaque fois que j'essaie, je vous fais rigoler !
– Eh bien, essaie encore ! Peut-être vas-tu finir par y arriver !
Le loup voulut bien essayer. C'était un loup gentil, il voulait faire plaisir à ses amis. Au crépuscule, il s'installa dans la clairière et hurla toute la nuit. Mais son hurlement était si joli qu'il berça les petits agneaux qui s'endormirent paisiblement. Non, décidément, le loup du Bois-Joli n'avait rien de terrifiant.

Le lendemain, on entendit le sol trembler. La bête arrivait ! Tous les animaux coururent se cacher : les petits cochons dans leur maison, les lapins dans leur terrier, les oiseaux dans les arbres, le Petit Chaperon rouge sous le lit de sa grand-mère. Le loup, quant à lui, se recroquevilla dans sa crêperie.
Mais bientôt la bête fut là : elle était effectivement immense, gigantesque, menaçante. À sa ceinture pendaient de gros quartiers de viande.
Elle poussa un hurlement terrible et cria :
– J'ai faim !

Elle s’arrêta devant la crêperie :
– Ça sent bon par ici ! dit-elle de sa voix terrifiante.
– Merci, répondit le loup qui, en plus d’être gentil, était extrêmement poli.
– Ça sent la chair fraîche, le lapin, le cochon, le chevreau et même le Petit Chaperon rouge !
– Ah non, vous vous trompez ! Ça sent la crêpe, ici !
– La crêpe ? Qu’est-ce que c’est que ce machin-là ? Moi, je ne connais que l’odeur de la viande…
– Comment ! s’exclama le loup. Vous n’avez jamais mangé de crêpe de votre vie ? Mais c’est impossible ! Il faut que vous en goûtiez une immédiatement ! Installez-vous ici !

Crêperie
du
Bois-Joli
Crêperie
du
Bois-Joli

La bête obéit et s'assit près de la table de pique-nique. Le loup, qui tremblait un peu, prépara une première crêpe :

– Crêpe au sucre ! annonça-t-il.

La bête n'en fit qu'une bouchée.

– Pas mal ! Mais un peu fade !

– Fade ? Alors goûtez-moi ça !

Et le loup servit une crêpe au chocolat.

– Mieux. Mais pas encore assez savoureux !

– Pas assez savoureux ? Bon, je sais ce qu'il vous faut ! Vous m'en direz des nouvelles !

Le loup servit alors à la bête sa crêpe spéciale aux mûres sauvages fraîchement cueillies. La bête renifla, croqua, avala, reprit une bouchée, dévora, et en recommanda une autre.

– Je veux bien vous faire une autre crêpe, dit le loup, mais à une seule condition : que vous laissiez en paix tous les habitants du Bois-Joli.

– C'est d'accord, dit la bête. Désormais, je ne mangerai plus que vos crêpes.
Et c'est ainsi que le loup gentil sauva tous les habitants du Bois-Joli, pas avec ses crocs ou sa fureur, mais grâce à ses crêpes, pardi !

Achevé d'imprimer en octobre 2018 par DZS, en Slovénie
Numéro d'édition : J18275-02
Dépôt légal : août 2018